BEI GRIN MACHT SICH IHR WISSEN BEZAHLT

- Wir veröffentlichen Ihre Hausarbeit, Bachelor- und Masterarbeit

- Ihr eigenes eBook und Buch - weltweit in allen wichtigen Shops

- Verdienen Sie an jedem Verkauf

Jetzt bei www.GRIN.com hochladen und kostenlos publizieren

Grundlagen der Gesundheits- und Sozialpolitik. Präventionspolitik, der Sozialstaat, das System der sozialen Sicherung und die Leistungsfähigkeit von Gesundheitssystemen

Bibliografische Information der Deutschen Nationalbibliothek:

Die Deutsche Nationalbibliothek verzeichnet diese Publikation in der
Deutschen Nationalbibliografie; detaillierte bibliografische Daten sind
im Internet über http://dnb.d-nb.de abrufbar.

ISBN: 9783346854070
Dieses Buch ist auch als E-Book erhältlich.

Das Buch bei GRIN: https://www.grin.com/document/1349824

Inhaltsverzeichnis

Abkürzungsverzeichnis

bzw.	beziehungsweise
d. h.	das heißt
NPK	Nationale Präventionskonferenz
OECD	Organisation für wirtschaftliche Zusammenarbeit und Entwicklung
SGB	Sozialgesetzbuch
u. a.	unter anderem
WHO	Weltgesundheitsorganisation
z. B.	zum Beispiel

Abbildungsverzeichnis

A1: Die Gesundheitspolitik als Präventionspolitik

Die Gesundheitspolitik ist ein wichtiger Bestandteil der Sozialpolitik. Sie befasst sich mit der Gestaltung und der Regulierung des Gesundheitssystems eines Landes, um eine qualitativ hochwertige medizinische und pflegerische Versorgung für die Bürger zu gewährleisten (Sauerland, 2019, S. 737).

Ein wichtiger Bereich der Sozialpolitik, ist die Gesundheitsversorgung. Das oberste Ziel ist es, die Bevölkerung auf effektive und gerechte Weise mit Gesundheitsdienstleistungen zu versorgen, um das Menschenrecht auf Leben und Selbstbestimmung zu gewährleisten (Fleßa & Greiner, 2020, S. 161). Um eine qualitativ hochwertige medizinische und pflegerische Versorgung für alle Bürger zu gewährleisten, hat die Gesundheitspolitik die Aufgabe, den Zugang zur Versorgung zu erleichtern und sicherzustellen, dass die Versorgung selbst effizient und ohne unnötige Verschwendung von Mitteln bereitgestellt wird. Dadurch kann auch sichergestellt werden, dass andere wichtige Bereiche der Gesellschaft, wie das Bildungssystem, ausreichend finanziert werden können (Sauerland, 2019, S. 738). Weiterhin umfasst das Ziel, Maßnahmen zur Verringerung von Krankheitsrisiken (Prävention und Gesundheitsförderung) durch die Minimierung von schädlichen Einflüssen und die Förderung von gesundheitsförderlichen Ressourcen sowie die Gestaltung und Steuerung der Krankenversorgung (Hartung et al., 2020).

Worum geht es in der Prävention? Prävention im Gesundheitswesen bezieht sich auf Maßnahmen und Aktivitäten, die darauf abzielen, Krankheiten oder gesundheitliche Schäden zu vermeiden, das Risiko von Erkrankungen zu verringern oder deren Ausbruch zu verzögern (Bundesministerium für Gesundheit, 2019). Eine erfolgsversprechende Prävention erfordert fundiertes Wissen über drohende Ereignisse und die Faktoren, die sie beeinflussen, sowie Kenntnisse über geeignete Gegenstrategien. Diese können individuell, kollektiv oder auf Populationsebene umgesetzt werden und umfassen politische, gesetzgeberische, soziale, medizinische, psychologische und pädagogische Maßnahmen durch professionelle Akteure,

Einflussnahme auf die Lebensumwelt und Umweltkontrolle, sowie Lobbyarbeit und Massenmedienkampagnen. Eine weitere wichtige Bedingung für eine erfolgreiche Prävention von Krankheiten ist ein tiefes Verständnis der pathogenen Prozesse und Dynamiken sowohl auf physiologischer als auch auf psychischer Ebene. Dies beinhaltet Kenntnisse über die verschiedenen Entwicklungsstufen und Verlaufsstadien einer Krankheit, mitsamt der Frühphasen in denen Symptome noch gar nicht erkennbar oder vorhanden sind, sowohl bei einzelnen Personen als auch in größeren Gruppen und Bevölkerungen. Das Ziel der Prävention ist es, das Auftreten, die Entstehung und Ausbreitung von Gesundheitsstörungen oder Krankheiten zu vermeiden und ihr Fortschreiten zu verhindern, sowie Folgeschäden von somatischen, psychischen und sozialen Art zu reduzieren (Franzkowiak, 2022).

Rosenbrock und Michel fassen die spezifische und allgemeine Präventionsziele in vier Schwerpunkten zusammen: Zum einen die Verhinderung, Reduzierung oder Verzögerung von Mortalität und gesundheitliche Beeinträchtigungen sowie deren Auswirkungen auf den Lebensstandard und die Teilnahme am gesellschaftlichen Leben. Dazu gehört auch die Verhinderung, Senkung und Aufschiebung der Kosten für Behandlung, Rehabilitation und Sozialversicherung, die durch Krankheit entstehen. Ein weiteres Ziel ist die Verhinderung, Minimierung und Verzögerung von indirekten Kosten, die durch begrenzte Leistungsfähigkeit oder eingeschränkte Mitwirkung in der Gesellschaft entstehen. Durch die Erhaltung des wirtschaftlichen und sozialen Potenzials wird auch die Bereitstellung von Mitteln für die Gesundheit als einen immer wichtigeren Aspekt des "Humankapitals" im Hinblick auf demografische Veränderungen unterstützt (Rosenbrock & Michel, 2007, S. 3 ff.).

Es gibt verschiedene Arten von Prävention, wie primäre, sekundäre und tertiäre Prävention, die sich nach dem Zeitpunkt unterscheiden, zu dem sie eingesetzt werden. Präventive Maßnahmen können auch unterschieden werden, ob sie sich auf das individuelle Verhalten (Verhaltensprävention) oder auf die Lebensbedingungen (Verhältnisprävention) konzentrieren (Bundesministerium für Gesundheit, 2019). Verhaltenspräventive Maßnahmen zielen darauf ab, das Verhalten von Menschen zu verändern, dass das Risiko einer Erkrankung erhöh t. Verhältnispräventive Maßnahmen hingegen richten sich auf die Veränderung von Umweltbedingungen, die das Auftreten von Krankheiten statistisch begünstigen (Rausch, 2019, S. 380). Hierunter fallen beispielsweise Maßnahmen, welche die eigene Gesundheitskompetenz stärken. Ziel ist es Risikofaktoren wie ungesunde Ernährung, Bewegungsmangel, Rauchen und Alkoholkonsum zu reduzieren. Die Verhältnisprävention berücksichtigt die Lebens- und Arbeitsbedingungen, wie z.b. Wohnumgebung, Einkommen und Bildung, die die Gesundheit beeinflussen können (Bundesministerium für Gesundheit, 2019). Eine weitere Möglichkeit ist das triadische Strukturmodell, das die Prävention in primäre, sekundäre und tertiäre Prävention unterteilt (Rausch, 2019, S. 380).

Primäre Prävention

Primäre Prävention ist eine Form der Gesundheitsförderung, die darauf abzielt, die Entstehung von Krankheiten zu verhindern, anstatt sie erst zu behandeln, nachdem sie aufgetreten sind. Dies kann erreicht werden, indem Risikofaktoren für bestimmte Erkrankungen reduziert werden. Dazu gehören beispielsweise eine ungesunde Ernährung, Bewegungsmangel, Rauchen, Alkoholkonsum und hoher Stress. Die primäre Prävention konzentriert sich auf die Verhinderung von „Volkskrankheiten" wie Diabetes mellitus Typ 2, Herz-Kreislauf-Erkrankungen (z.B. Herzinfarkt) und psychischen Störungen (z.B. Depression). Durch eine gesundheitsbewusste Lebensweise, die von gesundheitsfördernden Lebensbedingungen unterstützt wird, können diese Erkrankungen in vielen Fällen vermieden, verzögert oder positiv beeinflusst werden (Bundesministerium für Gesundheit, 2019).

Ziel der primären Prävention ist es, Krankheiten von vornherein zu vermeiden und damit die Inzidenzraten von Krankheiten in der Bevölkerung zu senken.

Sie richtet sich an gesunden Menschen oder Menschen ohne manifeste Symptomatik und umfasst Maßnahmen wie die Beseitigung von auslösenden Faktoren, die Erhöhung der Widerstandskraft und Kompetenzen von Menschen sowie die Veränderung von Umweltfaktoren, die an der Krankheitsentstehung beteiligt sind. Dazu gehören z.B. Impfungen, Gesundheitserziehung, Schutzimpfungen, Armutsbekämpfung oder Frühe Hilfe (Franzkowiak, 2022). Gesetzlich verankerte

Maßnahmen in Deutschland sind z.B. Impfungen und Angebote im Rahmen von § 20 SGB V (Prävention und Selbsthilfe) (Walter et al., 2012, S. 197).

Sekundäre Prävention

Die sekundäre Prävention bezieht sich auf die frühzeitige Erkennung von Krankheiten, damit eine frühzeitige Behandlung möglich wird, um schwere oder lang anhaltende Erkrankungen zu vermeiden und eine schnelle Heilung zu ermöglichen (Haun & Bugaj, 2019, S. 284).

Das Ziel ist es, die Inzidenz von manifesten oder fortgeschrittenen Erkrankungen zu senken und die Gesundheit der Einzelperson zu verbessern. Dies wird durch die Durchführung von Gesundheitschecks, krankheitsspezifischen Früherkennung und Frühbehandlung in ausgewählten Bevölkerungsgruppen erreicht. Durch die rechtzeitige Erkennung und Behandlung einer Erkrankung kann das Fortschreiten einer Krankheit verhindert werden. Dies kann durch Früherkennung, Früherfassung und frühzeitige Beratung oder Behandlung (z.B. Blutdruck- und Diabetesscreenings) erreicht werden, sowie durch Empfehlungen für Lebensstilveränderungen (z.B. Diät-, Training- und Entspannungsempfehlungen), die das Risiko von Erkrankungen reduzieren (Franzkowiak, 2022). Gesetzlich verankerte Maßnahmen, die zur sekundären

Prävention gehören sind z.B. Untersuchungen zur Früherkennung von HerzKreislauf-Erkrankungen und Diabetes mellitus (§ 25 SGB V), sowie zur Krebsfrüherkennung (§ 25 SGB V). Auch gehört die Untersuchung zur Entdeckung von Entwicklungs- und Verhaltensstörungen im Rahmen der Untersuchungen bei Kindern und Jugendlichen dazu (§ 26 SGB V) (Walter et al., 2012, S. 197).

Tertiäre Prävention

Die tertiäre Prävention zielt darauf ab, das Fortschreiten bereits vorhandenen Krankheiten zu verhindern, sowie Rückfälle und Folgeerkrankungen zu vermeiden (Haun & Bugaj, 2019, S. 284). Die Abmilderung von Folgeschäden und Chronifizierung soll erreicht werden, Rückfälle durch die Behandlung einer manifesten, symptomatischen und chronischen Erkrankung soll verhindert werden und die Wiederherstellung der höchstmöglichen Funktionsfähigkeit und Lebensqualität nach einem Krankheitsereignis soll erreicht werden. Dazu werden notwendige Heil- und Folgebehandlungen so früh wie möglich eingeleitet. Die Tertiäre Prävention und die Rehabilitation überschneiden sich teilweise. Da die Rehabilitation auch darauf abzielt, Kranke zu unterstützen, ein aktives und selbstbestimmtes Leben, trotz krankheitsbedingen Einschränkungen, zu führen (Franzkowiak, 2022).

Einige Autoren schlagen jedoch eine Vierteilung mit der zusätzlichen Kategorie der Primordialprävention vor. Diese bezieht sich auf Maßnahmen, die darauf abzielen, Risikofaktoren und Erkrankungen bereits bei gesunden Menschen zu verhindern, bevor sie überhaupt auftreten können. Dazu gehört beispielsweise der Aufbau von gesunden Lebensstilen und die Förderung von gesellschaftlichen Bedingungen, die die Gesundheit fördern. Ein wichtiger Aspekt bei der Einteilung von Prävention ist, dass die Abgrenzung zwischen Risikofaktoren und Krankheiten nicht immer eindeutig ist. Eine andere Einteilung ist das triadische Zielgruppenmodell, das Interventionen in universelle Prävention für Gruppen mit erhöhtem Risiko und indizierte Prävention für Gruppen mit gesichertem Risiko unterscheidet (Rausch, 2019, S. 380–381).

Das Ziel ist es, alle Anstrengungen im Bereich Gesundheitsförderung und Prävention zu bündeln und abzustimmen, um ein umfassendes Gesamtkonzept zu erstellen. Dadurch soll die Nutzung von Präventionsangeboten für die Bevölkerung vereinfacht und überschaubarer werden. Insbesondere sollen geschlechtsbezogene und sozial bedingte Unterschiede in den Gesundheitschancen abgebaut werden (Bareiß et al., 2022, S. 88).

Der Koalitionsvertrag von CDU, CSU und SPD für die 18. Legislaturperiode sah vor, ein Präventionsgesetz zu verabschieden, um die Prävention und Gesundheitsförderung in Bereichen wie Kindergärten, Schulen, Arbeitsplätzen und Pflegeheimen zu stärken und die Beteiligung aller Sozialversicherungsträger sicherzustellen. Dies führte im Juli 2015 zum Gesetz zur Stärkung der Gesundheitsförderung und der Prävention, welches im SGB V verankert ist (Liedtke et al., 2020, S. 255–256).

Die nationale Präventionsstrategie will gesundes Aufwachsen, Leben und Alter für alle Bürger in Deutschland ermöglichen. Die Präventionsstrategie wird hauptsächlich von Kranken- und Pflegekassen sowie Trägern der gesetzlichen Unfall- und Rentenversicherung umgesetzt, die die Verantwortlichen in den Lebenswelten unterstützen, gesundheitsförderliche Strukturen aufzubauen oder zu stärken. Sie tragen auch dazu bei, die Gesundheitskompetenzen der Bürger zu erhöhen und sie bei der Nutzung ihrer Ressourcen für ein gesundes Leben zu unterstützen (Die Nationale Präventionskonferenz, o. J.).

Im Oktober 2015 wurde die nationale Präventionsstrategie gestartet und die nationale Präventionskonferenz (NPK) wurde eingesetzt, um einen einheitlichen Handlungsrahmen für die gesamte Bundesrepublik Deutschland zu definieren. Die NPK erstellt alle vier Jahre einen Präventionsbericht, in dem sie das Engagement zur Umsetzung der Präventionsstrategie abbildet und Empfehlungen ableitet. Ein wichtiger Grundsatz der Präventionsstrategie ist, dass der Schutz vor Krankheiten und Unfällen sowie die Förderung von Gesundheit und Sicherheit Aufgaben der Gesamtgesellschaft sind und dass ein ressortübergreifendes Handeln erforderlich ist, um effektive Maßnahmen miteinander zu verzahnen (Liedtke et al., 2020, S. 256–257).

Ein wichtiger Ansatzpunkt ist dabei die Förderung von Prävention auf kommunaler Ebene, da hier die Lebensbedingungen der Bevölkerung am besten beeinflusst werden können. Dies wird durch die Zusammenarbeit verschiedenen Akteuren und die Anpassung an regionale Bedürfnisse auf kommunaler Ebene erreicht (Liedtke et al., 2020, S. 260).

Die Kommunen sind zum Beispiel Städte, Gemeinden und Landkreise. Sie übernehmen besondere Aufgaben wie den öffentlichen Gesundheitsdienst, Rettungsdienst und die Sicherstellung der stationären medizinischen Versorgung. Kommunen sollen jedoch nicht nur für die Umsetzung von präventiven Maßnahmen zuständig sein, sondern auch als gestaltende Instanzen für die Planung und Steuerung der Aktivitäten und Maßnahmen verantwortlich sein (z.B. bei der Planung von Gebäuden, den Faktor gesundheitliche Risiken zu vermeiden, die zu berücksichtigen sind). Dies erfordert sowohl Public-HealthWissen als auch Kenntnisse von bürgerschaftsorientierten Strukturen der kommunalen Selbstverwaltung. Personen, die diese Expertise haben, sind meistens in den Räten der Städte. Sie sind bereit sich persönlich zu engagieren und stehen für Fragen zur Verfügung. Dieses Potenzial sollte genutzt werden. Kommunen sind auch verantwortlich für Soziales, Kinder, Jugend und Bildung und haben daher direkten Kontakt zu vulnerablen Gruppen wie Kindern in Kindertagesstätten. Durch ihre vielseitigen Zuständigkeitsbereiche haben sie einen Überblick darüber, welche präventiven Maßnahmen für welche Gruppen notwendig sind, und können so eine effektive Planung gewährleisten. Kommunen können Menschen in ihren alltäglichen Lebenszusammenhängen erreichen und setzen sich für die bestmöglichen Rahmenbedingungen und Gesundheitsförderung ein (Die Nationale Präventionskonferenz, 2017, S. 8).

A2: Die Sozialpolitik, der Sozialstaat und das System der sozialen Sicherung

Die Sozialpolitik ist heute das größten Aufgaben- und Tätigkeitsfelds des Staates in entwickelten Demokratien, insbesondere in Deutschland, wo die Sozialausgaben fast 60 Prozent der gesamten Staatsausgaben ausmachen. Die Sozialpolitik hat in der Vergangenheit eine große Bedeutung erlangt, da der Staat sich immer mehr in die Organisation, Regulierung und Finanzierung von sozialen Sicherungssystemen eingeschaltet hat. Dieser Prozess hat seinen Ursprung bereits im 19. Jahrhundert. Die industrielle Revolution hatte tiefgreifende Auswirkungen auf Wirtschaft und Gesellschaft und löste den Anstoß für sozialpolitische Interventionen aus. Ursprünglich war die Priorität der Sozialpolitik der Schutz der Industriearbeiter vor Ausbeutung und die Unterstützung mittelloser Menschen. Ab den 1880er Jahren entstand ein neuer Ansatz, bei dem die Einkommenssicherung bei Risiken (Unfall, Invalidität, Krankheit) und Lebenslagen (Alter) zu einer staatlichen Aufgabe wurde. Dieser Ansatz wurde im Laufe des 20. Jahrhunderts auf immer mehr Berufs- und Bevölkerungsgruppen ausgeweitet (Obinger & Schmidt, 2019, S. 1-2).

Der Begriff „Sozialpolitik" ist umstritten und wird es wahrscheinlich auch weiterhin bleiben. Das liegt daran, dass Definitionen eines Politikbereichs mit bestimmten Wertungen verknüpft ist und die Ziele und Instrumente der Sozialpolitik sich mit dem Wandel sozialer und gesellschaftlicher Strukturen verändern. Um eine Definition zu entwickeln, die sowohl allgemeingültig ist als auch frei von normativen Inhalten, ist es sinnvoll sich auf die raum- und zeitunabhängigen Ziele der Sozialpolitik konzentrieren. Die Sozialpolitik zielt darauf ab, die wirtschaftliche und soziale Situation von Personen und Gruppen, die als wirtschaftlich oder sozial schwach gelten, zu verbessern und gleichzeitig die Sicherung der wirtschaftlichen Lage für den Fall von existenzgefährdenden Risiken zu gewährleisten, für Personen, die nicht in der Lage sind, eigenverantwortlich Risiken abzuwenden. In diesem Sinne kann die praktische Sozialpolitik definiert werden, als politisches Handeln mit dem Ziel, die wirtschaftliche und soziale Situation von schwachen Gruppen durch geeignete Mittel zu verbessern und Risiken, die zu sozialer oder wirtschaftlicher Schwäche führen können, zu verhindern. Dies wird erreicht, indem geeignete Mittel eingesetzt werden, die in Übereinstimmung mit den gesellschaftlichen und sozialen Grundzielen (freie Entfaltung der Persönlichkeit, soziale Sicherheit, soziale Gerechtigkeit, Gleichbehandlung) einer Gesellschaft stehen (Althammer et al., 2021b, S. 3-4).

In Deutschland und anderen Ländern mit einer starken Sozialpolitik nutzen fast alle Bürger die Leistungen dieser Politik. Die meisten Menschen sind durch die gesetzliche Krankenversicherung und Rentenversicherung abgesichert, zusätzlich gibt es Unterstützung durch Grundsicherung, Wohngeld, Kindergeld und soziale Dienste und Einrichtungen. Dies beeinflusst nachhaltig die Lebensqualität der Bürger (Bäcker et al., 2020, S. 1).

Sozialpolitische Diskussionen beinhalten oft mehrere Interessen, die sich sowohl im Laufe des Lebens als auch mit der gesellschaftlichen Entwicklung (sozialer Wandel) ändern können. Beispielsweise können junge Familien mit durchschnittlichem Einkommen ein starkes Interesse an kostenfreiem Zugang zu qualitativ hochwertigen Kindergärten und Schulen haben, aber gleichzeitig eine niedrige Abgabenlast wünschen, um ihr verfügbares Einkommen zu erhöhen. Die Interessen können sich im

Laufe der Zeit ändern, z. B., wenn die Kinder erwachsen werden oder die Eltern älter werden. Hier wächst dann das Interesse an einem seniorengerechtem Wohnumfeld. Die Sozialpolitik steht vor der Herausforderung, diese Interessenkonflikte zu lösen. Diese Entscheidungen können Kompromisse sein, aber auch politisch gewollte Entscheidungen, die das Verteilungsinteresse einer Person befriedigen, aber das Interesse einer anderen Person verletzen können. Ein Beispiel hierfür ist der Streit um den Ausbau der Kinderbetreuung, wo einige die Ausweitung als Förderung der Gleichberechtigung von Mann und Frau und frühkindlicher Förderung sehen, während andere es als Schwächung der Familie betrachten (Boeckh et al., 2015, S. 5).

Somit bezieht sich die Sozialpolitik auf die Regelungen und Maßnahmen, die der Staat ergreift, um die sozialen Bedürfnisse der Bevölkerung zu erfüllen und soziale Ungerechtigkeiten zu vermeiden. Dies umfasst eine Vielzahl von Leistungen und Diensten, die von unterschiedlichen Institutionen und Akteuren bereitgestellt werden. Zusammen bilden sie den Sozialstaat (Bäcker et al., 2020, S. 2). Der Sozialstaat ist die praktische Umsetzung von Sozialpolitik. Dabei handelt es sich um Institutionen, Einrichtungen und Akteure, die das Leistungsspektrum anbieten, ausführen, kontrollieren und weiterentwickeln (Boeckh et al., 2015, S. 5).

Der Sozialstaat bezieht sich auf die Rolle des Staates, wirtschaftliche und gesellschaftliche Unterschiede durch soziale Sicherheit und gerechte Verteilung von Ressourcen auszugleichen. Die Elemente des Sozialstaates umfassen nicht nur Maßnahmen der Sozialpolitik und das System der sozialen Sicherung, sondern auch Regelungen in Bereichen wie Arbeitsmarkt, Arbeitsverhältnisse, Arbeitsbedingungen, allgemeine Arbeitsmarkt- und Beschäftigungspolitik, Kinderbetreuung, schulische und berufliche Ausbildung, Betriebs- und Unternehmensverfassung, Tarifvertragswesen, Gesundheitswesen, sowie die Versorgung der Bevölkerung mit sozialen Diensten und Einrichtungen auf kommunaler Ebene und die Ausgestaltung des Steuerrechts (Bäcker et al., 2020, S. 34–35).

In den Sozialgesetzbüchern (SGB) sind die Ziele und Aufgaben des Sozialstaates als Bundesgesetze erklärt. In Deutschland werden Patientenleistungen nach den Regeln des SGB abgerechnet, welches ein einheitliches Gesetzgebungswerk für alle wichtigen Bereiche der sozialen Sicherung darstellt (Jacobi et al., 2019, S. 611).

Versicherungszweig	Gesetzliche Grundlage	Aufgaben/Leistungen
Grundsicherung für Arbeitssuchende	SGB II	– Stärkung der Eigenverantwortung von erwerbsfähigen Leistungsberechtigten und Personen, die mit ihnen in einer Bedarfsgemeinschaft leben – Unterstützung von erwerbsfähigen Leistungsberechtigten bei der Aufnahme oder Beibehaltung einer Erwerbstätigkeit – Sicherung des Lebensunterhaltes als Grundsicherung (Arbeitslosengeld II)
Gesetzliche Arbeitslosenversicherung	SGB III	– Sicherstellung des Lebensunterhalts während der Arbeitslosigkeit (Arbeitslosengeld I)
Gesetzliche Krankenversicherung	SGB V	– Erhaltung, Wiederherstellung oder Verbesserung der Gesundheit der Versicherten – Leistungen für Prävention – Leistungen für medizinisch notwendige Maßnahmen im Falle einer Krankheit, mit Ausnahme von Arbeitsunfällen
Gesetzliche Rentenversicherung	SGB VI	– Altersrente – Finanzierung von Leistungen zur medizinischen, beruflichen und sonstigen Rehabilitation
Gesetzliche Unfallversicherung	SGB VII	– Verhütung von Arbeitsunfällen und Berufskrankheiten sowie arbeitsbedingte Gesundheitsgefahren – Wiederherstellung der Gesundheit und Leistungsfähigkeit bei Arbeitsunfällen und Berufskrankheiten
Kinder- und Jugendhilfe	SGB VIII	– Angebote und Leistungen der Träger der öffentlichen Jugendhilfe, z. B. sozialpädagogische Einzelbetreuung
Rehabilitation und Teilhabe behinderter Menschen	SGB IX	– Vorrang von Prävention durch Aufklärung, Beratung und Auskunft – Fachleistungen zur Eingliederungshilfe (ab 2020) – Schwerbehindertenrecht – Neu: Unabhängige Teilhabeberatung – Neu: Teilhabe an Bildung
Soziale Pflegeversicherung	SGB XI	– Geld- oder Sachleistungen zur Finanzierung der Grundpflege und hauswirtschaftlichen Versorgung
Sozialhilfe	SGB XII	– Weitere Hilfen zur Gesundheit der Anspruchsberechtigten

Abbildung 1: Überblick über relevante Versicherungszweige der Sozialversicherung (Quelle: Jacobi et al., 2019, S. 612)

Für die Durchführung von sozialversicherungsrechtlichen Leistungen sind die Sozialversicherungsträger zuständig. Sie sind durch ihre Selbstverwaltung geprägt und nach Sicherungsrisiken und regionalen Kriterien organisiert. Dazu gehören: die Deutsche Rentenversicherung mit ihren regionalen Gliederungen für die gesetzliche Rentenversicherung, die einzelnen Krankenkassen für die gesetzliche Krankenversicherung, die Pflegekassen unter dem Dach der Krankenkassen für die gesetzliche Pflegeversicherung, die Berufsgenossenschaften für die gesetzliche Unfallversicherung und die Bundesagentur für Arbeit mit ihren regionalen und örtlichen Gliederungen für die Arbeitslosenversicherung und Arbeitsförderung (Bäcker et al., 2020, S. 31). Die sozialen Sicherungssysteme in Deutschland betreffen sämtliche soziale Problemfelder und Förderbedarfe der Bevölkerung, einschließlich der

Migranten und Asylsuchenden. Das Leistungsrecht gestaltet die Lebenssituationen von Individuen durch die Sicherungsbereiche und legt die Grundlage für weitere zukünftige Entwicklungen (Boeckh et al., 2017, S. 371).

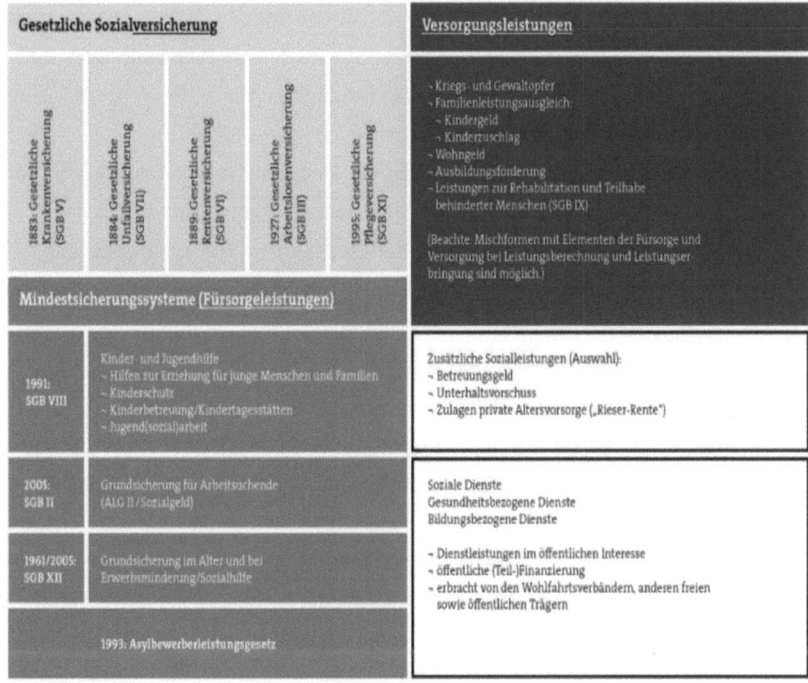

Abbildung 2: Elemente der sozialen Sicherung in Deutschland (Quelle: Boeckh et al., 2015, S. 43)

Das deutsche Sicherungssystem besteht aus den Zweigen der Sozialversicherung, Fürsorgeleistungen und Versorgungsleistungen. Diese Systeme beschaffen Geld-, Sach- und Dienstleistungen. Geldleistungen gleichen den Verlust von Einkommen aus, der durch Risiken wie Rentenbezug, Krankheit oder Arbeitslosigkeit verursacht wird. Sachleistungen, wie Medikamente, Verbandsmaterialien, Brillen und medizinische Hilfsmittel, werden hauptsächlich im Rahmen der Krankenversicherung angeboten und dienen der Unterstützung des Heilungsprozesses und der hauswirtschaftlichen

Versorgung. Private Zuzahlungen sind in diesem Bereich jedoch oft erforderlich. Zum Schluss sind Dienstleistungen individuelle Hilfeleistungen an bestimmte Personen, wie ärztliche Behandlungen, Beratungsleistungen oder Aus-, Fort- und Weiterbildung, die von öffentlichen oder privaten Trägern angeboten werden. Eine spezielle Art von Dienstleistungen sind die Sozialdienste. Diese werden stationär als auch ambulant angeboten und richten sich an Personen, die besondere Hilfe benötigen. Diese werden durch sozialarbeiterische, sozial- oder heilpädagogische Interventionen durchgeführt (Boeckh et al., 2015, S. 43).

Diese Maßnahmen zielen darauf ab, die Bevölkerung vor Risiken wie Verlust von Arbeitseinkommen durch Krankheit, Unfall, oder Arbeitslosigkeit, Tod des Hauptversorgers (des Ehepartners oder der Eltern) und unvorhergesehenen Ausgaben im Falle von Krankheit, Mutterschaft, Unfall oder Tod zu schützen. Es besteht aus den oben aufgezeigten verschiedenen Bestandteilen. Im weiteren Sinne umfasst sie auch soziale Grundsicherungen und weitere Transferleistungen (Wohngeld, Kindergeld, Ausbildungsförderung) (Althammer et al., 2021a, S. 207–208). Sie ist eine grundlegende Investition in Menschen und Arbeitskräfte als Voraussetzung für wirtschaftliche und soziale Entwicklung. Die Forschungen der letzten Jahre zeigen, welche Auswirkungen fehlende Sicherungssysteme für einzelne Haushalte hat. Familien würden durch Gesundheitsausgaben sich hoch verschulden und dies kann in dauerhafte Armut führen (Obermann & Fischer, 2012, S. 31).

Der Sozialstaat trägt durch Investitionen in die Soziale Sicherung dazu bei, dass die Bürger ein höheres Maß an Verantwortung und Bereitschaft zeigen, Lasten für das Allgemeinwohl zu tragen (Steuern, Beiträge). Je mehr die Bürger bereit sind, individuelle Beiträge für das Allgemeinwohl zu leisten, desto eher akzeptieren sie auch die Intervention des Staates in Bereichen, die sonst als privates und intimes Leben gelten. Sozialpolitik ermöglicht es dem Staat, eine Vorbildrolle einzunehmen und gesellschaftliche Leitbilder zu schaffen. Ein sozialpolitisch untätiger Staat fördert hingegen Egoismus und das Gefühl von den Bürgern im Stich gelassen zu werden. Sozialstaatliche Interventionen haben ökonomische, politische, kulturelle und soziale Auswirkungen. Kritiker argumentieren jedoch, dass die Auswirkungen von Sozialpolitik nicht genau genug untersucht werden und es unklar ist, wer von ihr profitiert und wer nicht. Zusätzlich fehlt auch eine Unterscheidung zwischen dem Nutzen für die Gesamtgesellschaft und dem Nutzen für einzelne Personen (Dietz et al., 2015a, S. 81-82).

Anfang 2020 breitete sich der Covidvirus in Deutschland aus und hat in Deutschland eine kritische Lage ausgelöst (SoVD, 2021, S. 4). Das gesellschaftliche Leben wurde dadurch auf der ganzen Welt enorm verändert. Die darauffolgenden massiven Einschränkungen zur Eindämmung der Pandemie, wie der Lockdown und die reduzierten Sozialkontakte, war für die Menschen deutlich bemerkbar. Im ersten Halbjahr 2020 führten die Kontaktbeschränkungen zu Veränderungen in Hinblick auf die Arbeit, die Arbeitswelt, die häusliche Pflege und die Freizeitgestaltung für viele Menschen (Klatt et al., 2020).

Am härtesten trifft die Pandemie die Immun- und Finanzschwächsten. Diese Gruppen überschneiden sich oft, da sozial bedingte Vorerkrankungen, schlechte Arbeitsbedingungen und beengte Wohnverhältnisse das Risiko für eine Infektion und schwere Krankheitsverläufe erhöhen. Die Hauptbetroffenen sind Obdach- und Wohnungslose, Bewohner von Gemeinschaftsunterkünften wie Strafgefangene oder Geflüchtete, Suchtkranke, Erwerbslose, Geringverdiener und Kleinstrentner. Viele kleine Einzelhändler haben durch die Schließung ihrer Geschäfte und somit nicht vorhandene Kundschaft ihre Existenzgrundlage verloren (Butterwegge, 2021).

Durch die Krise wurden Kitas und Schulen geschlossen, die Arbeit verlegte sich vermehrt ins Home-Office. Die Schulschließungen hatten zur Folge, dass sich die soziale Ungleichheit in den Bildungschancen von Kindern weiter verschärfte. Da z. B. leistungsschwächere Kinder es schwieriger haben sich selbst zu leiten und organisieren beim Lernen (Engel, 2021, S. 2). Es zeigen sich statistisch signifikante Unterschiede zwischen Frauen und Männern in Bezug auf die Auswirkungen von Corona. Frauen sind stärker von negativen Folgen betroffen und berichten sowohl häufiger von Sorgen und Belastungen als auch von Einbußen. Durch diese Doppellast der vermehrten Kinderbetreuung sowie eine stärkere Last der verminderten

Erwerbstätigkeit und die daraus folgende finanzielle Sorgen, sind besonders Frauen von den Auswirkungen betroffen (Hövermann, 2020, S. 7–8).

Der Staat hat dazu beigetragen, dass Ressourcen und Chancen ungleich verteilt sind. Während Unternehmen große Summen an Finanzhilfen erhalten haben, wurden sozial benachteiligte Personengruppen wie Obdachlose, HartzIV-Bezieher, Kleinstrentner und Niedriglohnbeschäftigte kaum berücksichtigt. Studierende, die auf BAföG angewiesen sind und nicht von ihren Eltern unterstützt werden, haben oft ihre Nebenjobs verloren und fallen durch die Lücke des Sozialschutzsystems. Dies hatte zu Folge, dass einige Studenten ihr Studium nicht fortsetzen konnten. Die Überbrückungshilfen im Umfang von 100 Mio. Euro reichen hierbei nicht aus, um die Betroffenen aufzufangen (Butterwegge, 2021).

In der Krise hat sich gezeigt, welche wichtige Bedeutung der deutsche Sozialstaat und die sozialen Sicherungssysteme für die Bewältigung von Krisen sind, auch die Schwächen des Sozialstaats sich deutlich sichtbar geworden. Dazu zählen:

- Die Abwesenheit von Sozialversicherungsleistungen für Millionen von Minijobbern, wie Kurzarbeitergeld
- ein großer Niedriglohnsektor, dessen abgeleitete Lohnersatzleistungen (z.B. Kurzarbeitergeld, Krankengeld), die in der Pandemie häufig zum Dauereinkommen werden, in der Krise nicht ausreichend sind
- Krankenhäuser, die auf Gewinn ausgerichtet sind und fehlende Reservekapazitäten haben
- eine Grundsicherung, die das Existenzminimum nicht sichert
- für Soloselbständige unzureichende Absicherung in den Sozialversicherungssystemen

Besonders in Krisenzeiten ist ein funktionierender Sozialstaat entscheidend für den sozialen Frieden. Anstatt weitere Löcher und Schutzlücken durch Sparen und Kürzen zu schaffen, sollten die Schwächen des Sozialstaates durch öffentliche Investitionsprogramme im großen Umfang sowie eine aktivierende Arbeitsmarkt- und Wirtschaftspolitik geschlossen werden (SoVD, 2021, S. 9). Die "Sozialschutz-Pakete" der großen Koalition zeigen eine ungleiche Verteilung von Hilfen. Von der Coronakrise betroffene Soloselbstständige, wurde die Antragstellung zu Arbeitslosengeld II vereinfacht, indem strenge Vermögensprüfung vorübergehend aussetzte und die Angemessenheit der Wohnung unausgesprochen zugesichert wurde. Langjährige Hartz-IV-Empfänger haben jedoch keinen Ernährungszuschlag erhalten, selbst wenn ihre Kinder während der Schulschließungen zuhause verpflegt werden mussten. Der "Corona-Kinderbonus" in Höhe von 300 Euro pro Kind wurde im Herbst 2020 an Eltern ausgezahlt. Dieser Bonus wurde jedoch mit dem steuerlichen Kinderfreibetrag verrechnet und half daher hauptsächlich Familien im Hartz-IV-Bezug. Familien, die keinen Anspruch auf Kindergeld hatten, wie ausländische Eltern und Flüchtlingsfamilien, gingen jedoch leer aus. Der Koalitionsausschuss hat am 3. Februar 2021 beschlossen, eine Neuauflage des Kinderbonus in Höhe von 150 Euro zu gewähren. Ein Bündnis aus Wohlfahrtsverbänden, Gewerkschaften und kirchlichen Organisationen hatte jedoch einen monatlichen Zuschlag von 100 Euro gefordert, da die Schließung von Lebensmitteltafeln, Möbellagern und Sozialkaufhäusern sowie die Pflicht zum Tragen von Atemschutzmasken und den Erwerb von Desinfektionsmitteln höhere Lebenshaltungskosten verursacht haben. Trotzdem genehmigte die große Koalition lediglich eine Einmalzahlung von 150 Euro (Butterwegge, 2021).

A3: Die Leistungsfähigkeit von Gesundheitssystemen

Das Gesundheitssystem ist ein wichtiger Bestandteil der Gesellschaft, sowohl auf nationaler als auch auf internationaler Ebene. Es dient dazu, die Auswirkungen von Krankheiten, Alter, Behinderung, Arbeitsunfähigkeit etc. zu lindern, sowie vorzubeugen und entgegenzuwirken (Hausen & Wassmann, 2019, S. 5). Es ermöglicht oder beschleunigt die Rückkehr erkrankter Menschen ins gesellschaftliche und ökonomische Leben und regelt gleichzeitig die Entbindung von gesellschaftlichen und ökonomischen Verpflichtungen während der Krankheit. Besonders wichtig ist es zu beachten, dass Gesundheitssysteme nicht nur für bestimmte Lebensabschnitte, sondern für die gesamte Lebenszeit von Bedeutung sind und potenziell jeden betreffen und fast alle Bereiche des sozialen Lebens. Das Gesundheitssystem hat somit einen direkten Einfluss auf die Verteilung von Lebenschancen in einer Gesellschaft (Wendt, 2009, S. 20–21).

Gesundheitssysteme sind oft sehr komplex und bestehen aus vielen verschiedenen Institutionen und Beteiligten, die komplexe Beziehungen untereinander haben. Dies ist auf die historische Entwicklung der Gesundheitssysteme zurückzuführen, die sich im Laufe der Jahrhunderte verändert haben. Sie haben ihre Ursprünge im 19. Jahrhundert und entstanden aufgrund spezifischer sozialer, gesundheitlicher, politischer und ökonomischer Probleme (Gerlinger & Reiter, 2012).

Das deutsche Gesundheitssystem zeichnet sich durch eine gute Qualität der Gesundheitsversorgung, Leistungen nach Bedarf und freien Zugang aus. Es gibt dennoch Mängel in der Versorgung. Im internationalen Vergleich wird bestätigt, dass es Qualitätsdefizite gibt. Studien, wie der World Health Report 2000 und eine Studie der OECD zeigen, dass das deutsche Gesundheitssystem Ineffizienzen aufweist (Hausen & Wassmann, 2019, S. 61).

Im Jahr 2000 wurde im Weltgesundheitsreport der World Health Organization (WHO) ein Vergleich der Leistungsfähigkeit der Gesundheitssysteme von 191 Staaten veröffentlicht. Bei der Gesamtzielerreichung erreichte Deutschland im Ranking den 14. Platz. Eine OECD-Studie aus 2007 bescheinigt Deutschland eine mittelmäßige medizinische Versorgungsqualität. Das Ziel der Studie war es, neue Konzepte und Methoden zu entwickeln, die die Bewertung der Leistungsfähigkeit von Gesundheitssystemen ermöglichen sollten. In der Studie wurden 191 Staaten auf ihre Gesamtzielerreichung in verschiedenen Bereichen untersucht. Die drei Hauptziele, die ein Gesundheitssystem nach Auffassung der WHO erreichen sollte, sind: guter Gesundheitszustand der Bevölkerung, soziale Gerechtigkeit und die Fairness der Finanzierung.

Die Studie der WHO hat die Leistungsfähigkeit von Gesundheitssystemen von 191 Staaten anhand von fünf Indikatoren untersucht. Diese Indikatoren sind:

- Das Gesundheitsniveau einer Bevölkerung
- Die Verteilung des Gesundheitsniveaus in einer Bevölkerung
- Die Patientensouveränität
- Die soziale Gerechtigkeit
- Fairness der Finanzierung eines Gesundheitssystems

Diese Indikatoren wurden verwendet, um die Gesamtzielerreichung der Gesundheitssysteme zu messen und eine Rangliste der Leistungsfähigkeit zu erstellen. Diese Indikatoren wurden nach ihrer Wichtigkeit gewichtet, Gesundheitsniveau der Bevölkerung, Verteilung des Gesundheitsniveaus und Fairness der Finanzierung wurden jeweils mit 25 Prozent in die Gesamtwertung einbezogen, die Indikatoren Patientensouveränität und soziale Gerechtigkeit mit jeweils 12,5 Prozent gewichtet. Es wurden 1.006 Personen aus 125 Ländern mittels Internetbefragung befragt. Die Hälfte der Befragten waren WHOMitarbeiter. In diesem Ranking erreicht Deutschland bei der Gesamtzielerreichung Platz 14 von 191 Staaten (Greß et al., 2008, S. 13).

Im Folgenden werden die Indikatoren, die WHO verwendet hat, zur Messung der Gesamtzielerreichung der Gesundheitssysteme kurz erläutert. Um den Gesundheitszustand der Bevölkerung zu messen, wird der Indikator „disabilityadjusted life expectancy (DALE)" verwendet. Damit wird beurteilt, wie gut das Ziel eines guten Gesundheitszustands in der Bevölkerung erreicht wird. DALE bezieht sich auf die durchschnittliche Lebenserwartung in Jahren, die um Abschläge für gesundheitliche Beeinträchtigungen korrigiert wird. Die „Verteilung des Gesundheitszustands in der Bevölkerung" soll Gesundheitsunterschiede messen, die durch Gesundheitsrisiken verursacht werden. Der Indikator „Patientensouveränität" soll zeigen, inwieweit ein Gesundheitssystem den Wünschen von Bürgern und Patienten entspricht und wie Patienten im Gesundheitssystem behandelt werden. Die „soziale Gerechtigkeit" sollte messen, ob bestimmte Bevölkerungsgruppen benachteiligt werden. Der „Fairness der Finanzierung eines Gesundheitssystems" Indikator misst, wie viel Schulden private Haushalte durch die Nutzung von Gesundheitsleistungen machen oder wie viele Leistungen sie aufgrund der Kosten nicht nutzen können. Ein gerecht finanziertes

Gesundheitssystem schützt die Haushalte vor zu hohen Ausgaben. Zum Schluss wurde die Gesamtleistung mit den finanziellen Kosten im Verhältnis gesetzt (Greß et al., 2008, S. 14–15).

Im Jahr 2001 hat die OECD ein Projekt gestartet, das sich mit der Leistungsmessung und -verbesserung der Gesundheitssysteme in den OECD-Ländern befasst. Dieses Projekt wurde durch den World Health Report 2000 inspiriert. Die Autoren untersuchen die Erstellung und Anwendung von Indikatoren zur Bewertung der Effizienz von Gesundheitssystemen sowie die Herausforderungen, die bei der Messung der Leistungsfähigkeit von Gesundheitssystemen entstehen können. Das Ziel des Projekts war es, Unterschiede zwischen den verschiedenen Ländern aufzudecken und zu erklären sowie die Qualität der Gesundheitsversorgung in allen Ländern zu verbessern (Greß et al., 2008, S. 15).

In einem von der OECD veröffentlichten Bericht, mit dem Titel „Health Care Quality Indicators", wurden Qualitätsindikatoren zur Messung der Leistung und die Verbesserung der Gesundheitssysteme. Diese Indikatoren sind u. a. (Armesto et al., 2007, S. 6):

- Brustkrebs 5-Jahres-Überlebensraten
- Mammographie Untersuchungen
- Gebärmutterhalskrebs-Vorsorgeuntersuchungen
- Darmkrebs 5-Jahres-Überlebensraten
- Inzidenz von Krankheiten, die durch Impfschutz verhindert werden können
- Umfang des Basisimpfschutzes
- Augenuntersuchungen bei Diabetikern
- Raucher-Quote
- Hospitalisierungsrate bei Asthma
- (…)

Die OECD hat keine Rangfolgen der Ergebnisse der verschiedenen Länder bei den Indikatoren bereitgestellt, sondern nur die erreichten Ergebnisse genannt. Es gibt dementsprechend auch kein Gesamtranking der Leistungsfähigkeit der Gesundheitssysteme. Die Platzierungen der verschiedenen Länder wurden je Indikator ermittelt, wobei zu beachten ist, dass die Daten nicht uneingeschränkt vergleichbar sind. Sie sind aus unterschiedlichen Erhebungszeiträumen entstanden und je nach Land wurden unterschiedliche Methoden angewandt. Da nicht alle Länder vergleichbare Daten bereitstellen konnten, wurde nicht für jeden Indikator alle teilnehmenden Länder miteinander verglichen. Beispielsweise wurde bei der Berechnung der Raucherquote unterschiedliche Altersgruppen und unterschiedliche Rauchgewohnheiten (regelmäßige Raucher vs. Gewohnheitsraucher) miteinander verglichen. Bei dem Indikator „5-Jahres-Überlebensrate nach Darmkrebs" ist die Betrachtung nach Geschlechtern oder nach der Lokalisation des Tumors getrennt, in anderen Ländern wiederum nicht. Deutschland schneidet im internationalen Vergleich bei der Mehrheit der Indikatoren mittelmäßig ab. Es gibt jedoch Indikatoren, bei denen Deutschland weit hinter den anderen Ländern zurückbleibt, z.B. ist die Impfrate bei zweijährigen Kindern im internationalen Vergleich sehr niedrig und der Diabetikeranteil, die regelmäßig an Augenuntersuchungen teilnehmen relativ gering. Dadurch, dass die Ergebnisse auf unvollständige Daten basieren, ist es schwierig ein abschließendes Urteil über die Leistung des deutschen Gesundheitssystems zu fällen (Greß et al., 2008, S. 15–17).

Leistungsmessung im Gesundheitssystem bietet Entscheidungsträgern die Möglichkeit, das System zu verbessern und Rechenschaft abzulegen. Es hilft dabei, die Qualität der Entscheidungen aller Beteiligten, einschließlich Patienten, Ärzten, Führungskräften, Regierungsvertretern, Versicherern und Finanzierern, sowie Politikern und Bürgern, zu verbessern. Diese Leistungsmessung gewinnt immer mehr an Bedeutung, insbesondere durch die Fortschritte in der Informationstechnologie und die steigende Nachfrage nach Transparenz und Rechenschaftspflicht im Gesundheitssystem. Momentan befindet sich die Leistungsmessung noch in einer frühen Phase und es gibt noch viele Möglichkeiten, die Datenerhebung, Analysemethoden und Konzeptentwicklung zu verbessern (Smith et al., 2008, S. 2).

Literaturverzeichnis

Althammer, J., Lampert, H., & Sommer, M. (2021a). Das System der sozialen Sicherung. In J. Althammer, H. Lampert, & M. Sommer, *Lehrbuch der Sozialpolitik* (S. 207–268). Springer Berlin Heidelberg. https://doi.org/10.1007/978-3-662-56258-1_10

Althammer, J., Lampert, H., & Sommer, M. (2021b). Wissenschaftstheoretische Grundlegung. In J. Althammer, H. Lampert, & M. Sommer, *Lehrbuch der Sozialpolitik* (S. 3–14). Springer Berlin Heidelberg. https://doi.org/10.1007/978-3-662-56258-1_1

Armesto, S. G., Gil Lapetra, M. L., Wei, L., Kelley, E., & Members of the HCQI Expert Group. (2007). *Health Care Quality Indicators Project 2006 Data Collection Update Report* (OECD Health Working Papers Nr. 29; OECD Health Working Papers, Bd. 29). https://doi.org/10.1787/058047614770 Bäcker, G., Naegele, G., & Bispinck, R. (2020). Sozialpolitik und soziale Lage. In G. Bäcker, G. Naegele, & R. Bispinck, *Sozialpolitik und soziale Lage in Deutschland* (S. 1–54). Springer Fachmedien Wiesbaden. https://doi.org/10.1007/978-3-658-06249-1_1

Bareiß, A., Hager, L., v. d. Heiden, K., Merk, J., Rahmel, A., & Wassmann, H. (2022). *Sozial- und Gesundheitspolitik* (7.). SRH Fernhochschule - The Mobile University.

Boeckh, J., Benz, B., Huster, E.-U., & Schütte, J. D. (2015). *Sozialpolitik. 327*, 75.

Boeckh, J., Huster, E.-U., Benz, B., & Schütte, J. D. (2017). *Sozialpolitik in Deutschland: Eine systematische Einführung.* Springer Fachmedien Wiesbaden. https://doi.org/10.1007/978-3-658-13695-6

Bundesministerium für Gesundheit. (2019). *Prävention.* https://www.bundesgesundheitsministerium.de/service/begriffe-von-a-z/p/praevention.html

Butterwegge, C. (2021, März). Die polarisierende Pandemie. *Blätter für deutsche und internationale Politik*, S. 45-48.

Die Nationale Präventionskonferenz. (o. J.). *Präventionsstrategie.* https://www.npk-info.de/praeventionsstrategie

Die Nationale Präventionskonferenz. (2017). Präventionsforum 2017 Dokumentation. *Die Träger der Nationalen Präventionskonferenz (NPK).* https://www.gkv-spitzenverband.de/media/dokumente/krankenversicherung_1/praevention__selbsthilfe__beratung/praevention/praevention_npk/Praeventionsforum_2017_Dokumentation.pdf

Dietz, B., Frevel, B., & Toens, K. (2015). Soziale Probleme und Zielgruppen der Sozialpolitik. In B. Dietz, B. Frevel, & K. Toens, *Sozialpolitik kompakt* (S. 113–138). Springer Fachmedien Wiesbaden. https://doi.org/10.1007/978-3-658-06369-6_4

Engel, R. (2021). Folgen der Corona-Krise – Verzeihen allein wird nicht reichen. *Zeitschrift für Gemeinschaftskunde, Geschichte und Wirtschaft, Heft 81-2021*, 80.

Fleßa, S., & Greiner, W. (2020). Gesundheitspolitik. In S. Fleßa & W. Greiner, *Grundlagen der Gesundheitsökonomie* (S. 161–172). Springer Berlin Heidelberg. https://doi.org/10.1007/978-3-662-62116-5_6

Franzkowiak, P. (2022). *Prävention und Krankheitsprävention.* https://doi.org/10.17623/BZGA:Q4-I091-3.0

Gerlinger, T., & Reiter, R. (2012). *Gesundheitswesen im europäischen Vergleich: Ein Überblick.* https://www.bpb.de/themen/gesundheit/gesundheitspolitik/72906/gesundheitswesen-im-europaeischen-vergleich-einueberblick/

Greß, S., Maas, S., & Wasem, J. (2008). Effektivitäts-, Effizienz- und Qualitätsreserven im deutschen Gesundheitssystem. *Hans-Böckler-Stiftung.* https://www.econstor.eu/bitstream/10419/116616/1/hbs_arbp_154.pdf

Hartung, S., Dieterich, A., & Rosenbrock, R. (2020). Gesundheitspolitik. *Leitbegriffe der Gesundheitsförderung und Prävention: Glossar zu Konzepten*, Strategien und Methoden. https://doi.org/10.17623/BZGA:224-I058-2.0

Haun, M. W., & Bugaj, T. J. (2019). Zur Bedeutung der Psychosomatischen und Psychotherapeutischen Medizin in den Gesundheitswissenschaften. In R. Haring (Hrsg.), *Gesundheitswissenschaften* (S. 279–287).

Springer Berlin Heidelberg. https://doi.org/10.1007/978-3-662-583142_27

Hausen, A., & Wassmann, H. (2019). *Gesundheits- und Sozialsysteme im internationalen Vergleich* (2. Aufl.). SRH Fernhochschule - The Mobile University.

Hövermann, A. (2020). *Soziale Lebenslagen, soziale Ungleichheit und Corona—Auswirkungen für Erwerbstätige—Eine Auswertung der HBS-Erwerbstätigenbefragung im April 2020* (WSI-Policy Brief 44). HansBöckler-Stiftung. https://www.wsi.de/download-proxy-for-faust/download-pdf?url=http%3A%2F%2F217.89.182.78%3A451%2Fabfrage_digi.fau%2Fp_wsi_pb_44_2020.pdf%3Fprj%3Dhbs-abfrage%26ab_dm%3D1%26ab_zeig%3D8954%26ab_diginr%3D8482

Jacobi, F., Kunas, S. L., Annighöfer, M. L. D., Sammer, S., Götz, T., & Gerlinger, G. (2019). Versorgungs- und Hilfesysteme für Menschen mit psychischen Erkrankungen und psychosozialem Hilfebedarf in Deutschland. In R. Haring (Hrsg.), *Gesundheitswissenschaften* (S. 609–626). Springer Berlin Heidelberg. https://doi.org/10.1007/978-3-662-583142_55

Klatt, A., Spengler, L., Schwirn, K., & Löwe, C. (2020). *Gesellschaftliche Auswirkungen der Covid-19-Pandemie in Deutschland und mögliche Konsequenzen für die Umweltpolitik* (S. 30). Umwelt Bundesamt. https://www.umweltbundesamt.de/sites/default/files/medien/376/publikationen/2020_09_02_pp_gesellschaftliche_auswirkungen_bf.pdf

Liedtke, S., Kamga Wambo, G. O., Ludwig, S., & Finis, M. (2020). Nationale Präventionsstrategie. In K. Böhm, S. Bräunling, R. Geene, & H. Köckler (Hrsg.), *Gesundheit als gesamtgesellschaftliche Aufgabe* (S. 255–262). Springer Fachmedien Wiesbaden. https://doi.org/10.1007/978-3-658-30504-8_21

Obermann, K., & Fischer, J. (2012). Gesundheit als Menschenrecht und als Grundlage ökonomischer Entwicklung. In F. W. Schwartz (Hrsg.), *Public health: Gesundheit und Gesundheitswesen* (3., völlig neu bearbeitete und erweiterte Auflage, S. 30–33). Urban & Fischer.

Obinger, H., & Schmidt, M. G. (Hrsg.). (2019). *Handbuch Sozialpolitik*. Springer Fachmedien Wiesbaden. https://doi.org/10.1007/978-3-658-228033

Rausch, M. (2019). Gesundheitsförderung und Prävention in den Gesundheitsberufen. In R. Haring (Hrsg.), *Gesundheitswissenschaften* (S. 377–389). Springer Berlin Heidelberg. https://doi.org/10.1007/978-3-662-58314-2_35

Rosenbrock, R., & Michel, C. (2007). *Primäre Prävention: Bausteine für eine systematische Gesundheitssicherung*. Medizinisch Wissenschaftliche Verlagsanstalt.

Sauerland, D. (2019). Ziele, Akteure und Strukturen der Gesundheitspolitik in Deutschland. In R. Haring (Hrsg.), *Gesundheitswissenschaften* (S. 737–747). Springer Berlin Heidelberg. https://doi.org/10.1007/978-3-662-58314-2_68

Smith, P. C., Mossialos, E., & Papanicolas, I. (2008, Juni). Leistungsmessung zur Verbesserung der Gesundheitssysteme. Erfahrungen, Herausforderungen und Aussichten. *Weltgesundheitsorganisation*. http://www.initiative-elga.at/ELGA/Gesundheitssystem_Daten_Fakten_Infos/WHO_Strategiepapier__Leistungsmessung_in_Gesundheitssystemen.pdf

SoVD. (2021). *Sozialpolitische Bilanz 2020*. Sozialverband Deutschland. https://www.sovd.de/fileadmin/bundesverband/pdf/broschueren/sozialpolitische-bilanzen/Sozialpolitische-Bilanz2020-sovd.pdf

Walter, U., Robra, B.-P., & Schwartz, F. W. (2012). Prävention. In F. W. Schwartz & F. W. Schwartz (Hrsg.), *Public health: Gesundheit und Gesundheitswesen* (3., völlig neu bearbeitete und erweiterte Auflage, S. 196–222). Urban & Fischer.

Wendt, C. (2009). *Krankenversicherung oder Gesundheitsversorgung? Gesundheitssysteme im Vergleich* (2., überarb. Aufl). VS Verlag für Sozialwissenschaften.

BEI GRIN MACHT SICH IHR WISSEN BEZAHLT

- Wir veröffentlichen Ihre Hausarbeit, Bachelor- und Masterarbeit

- Ihr eigenes eBook und Buch - weltweit in allen wichtigen Shops

- Verdienen Sie an jedem Verkauf

Jetzt bei www.GRIN.com hochladen und kostenlos publizieren